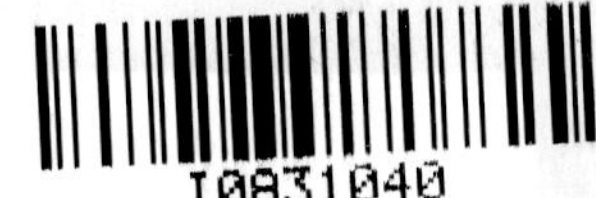
I0831040

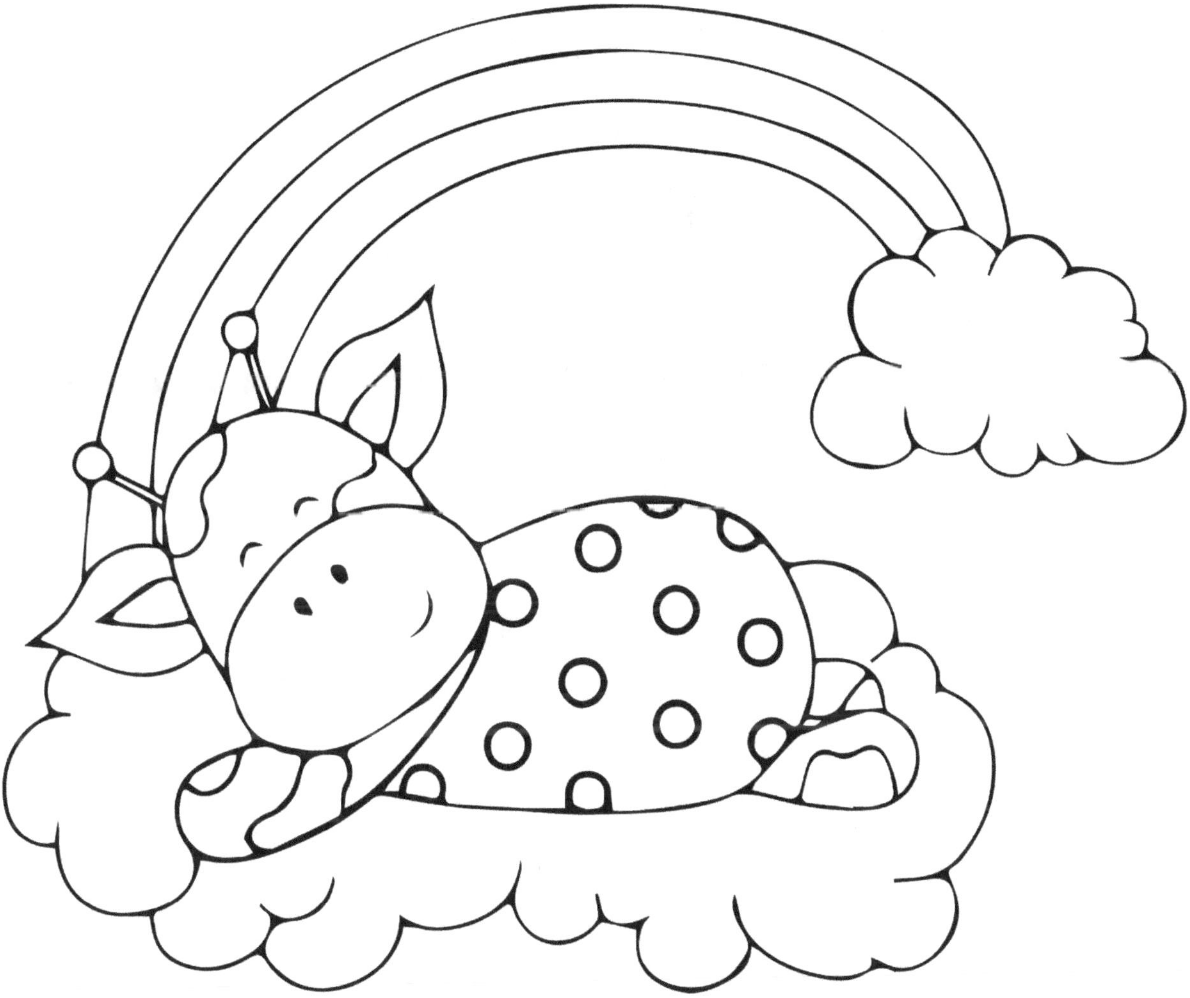

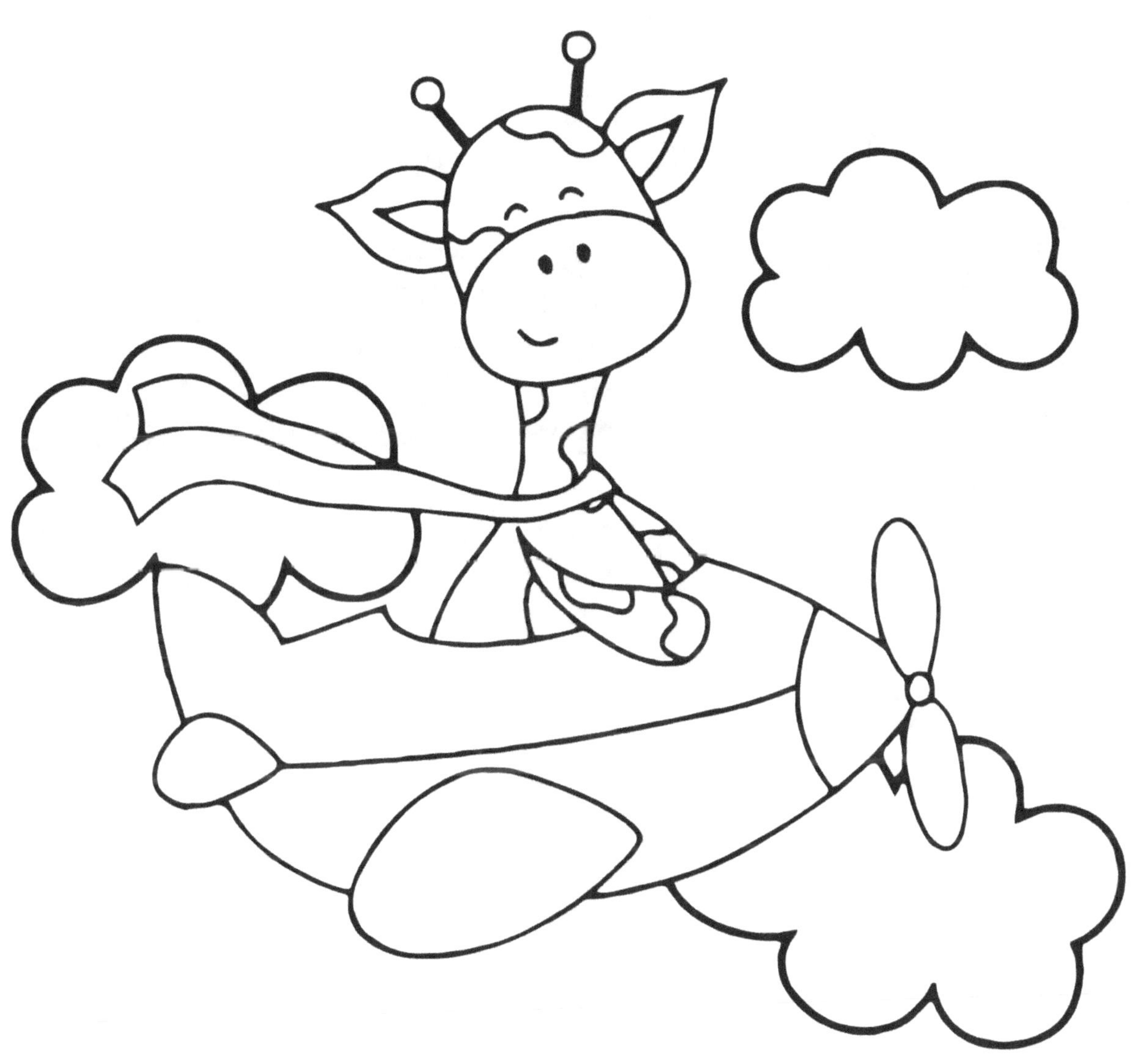

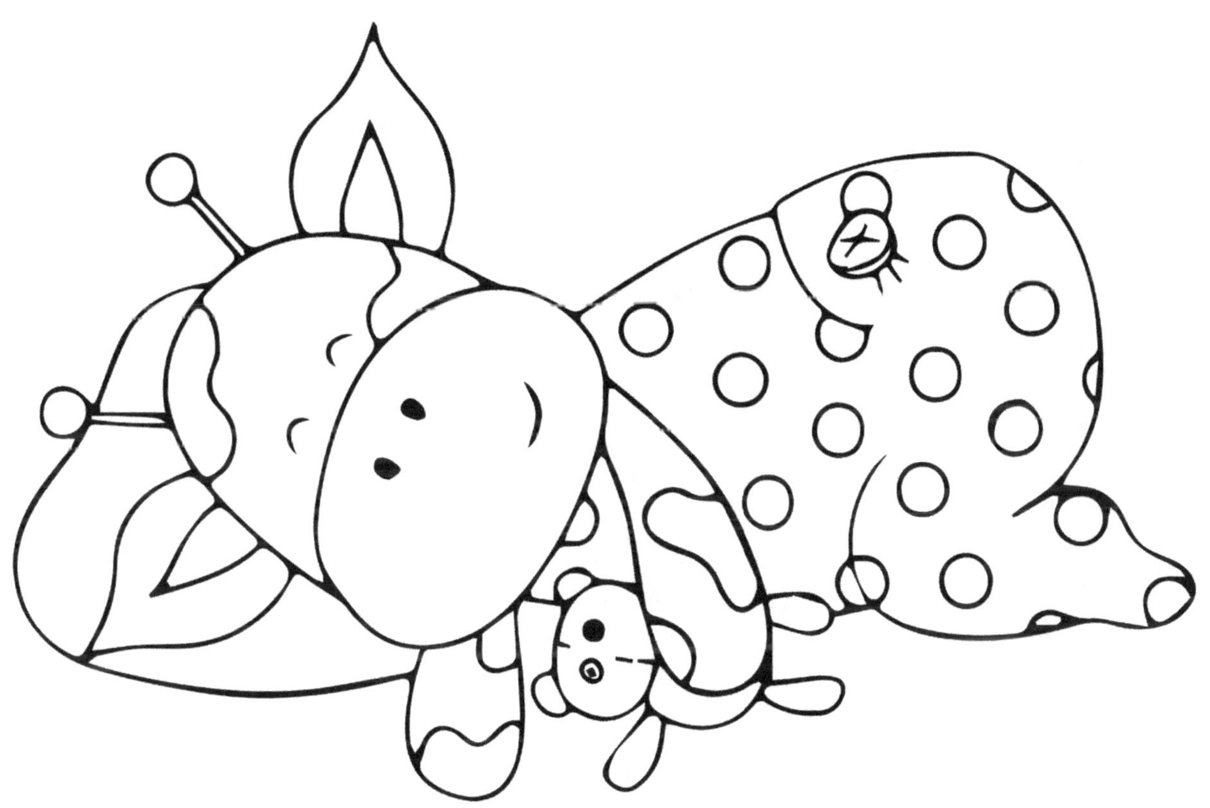

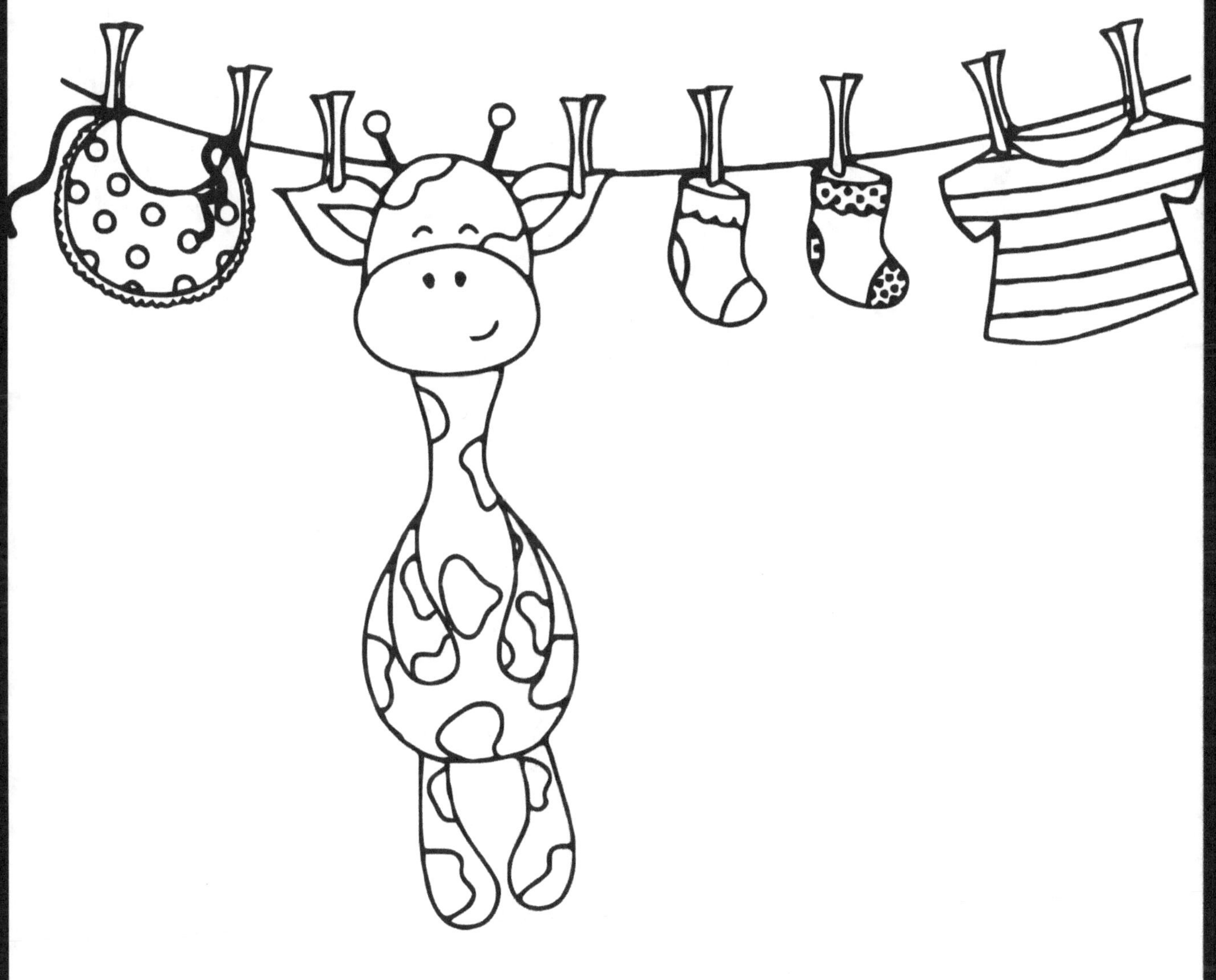

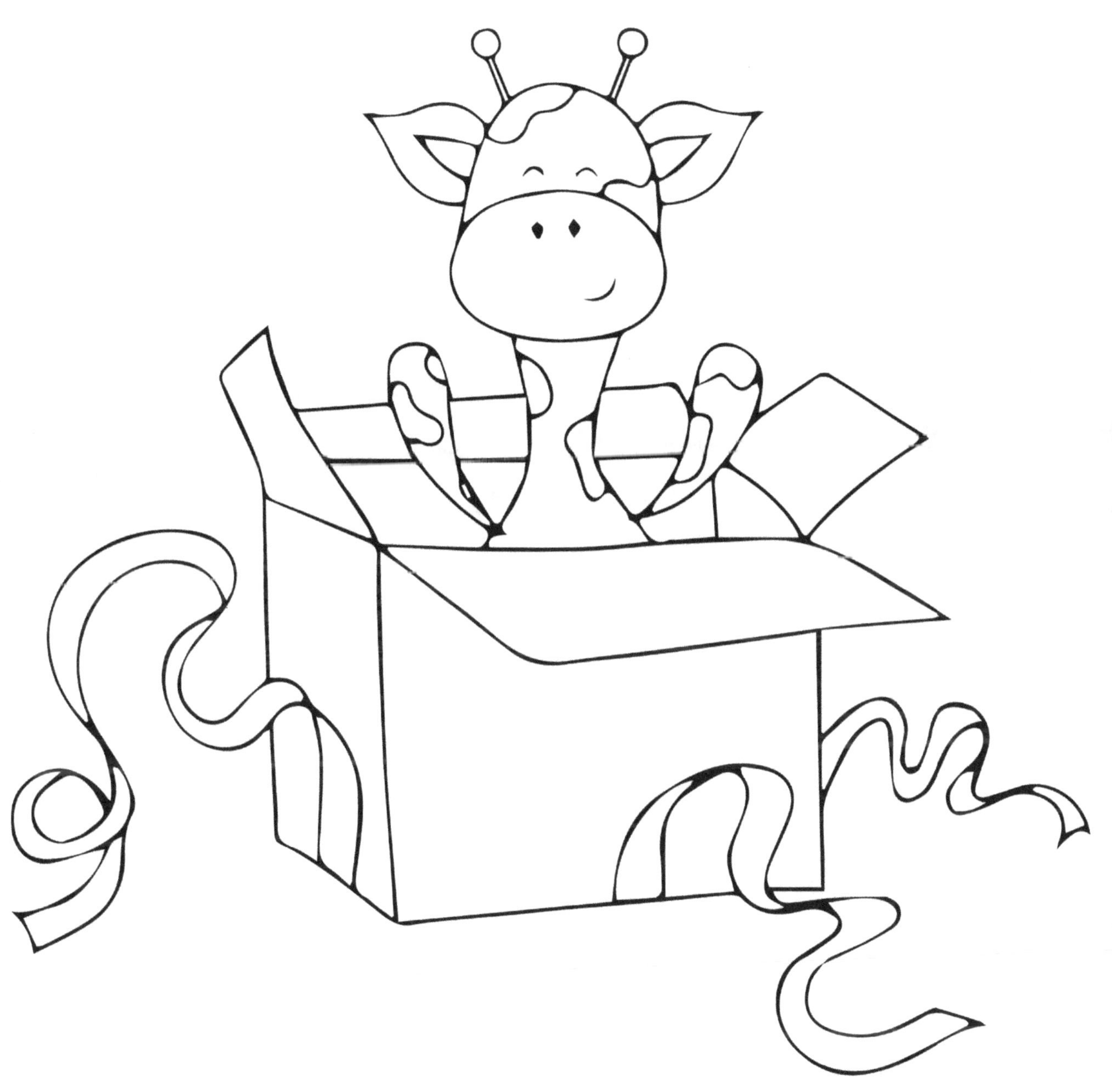

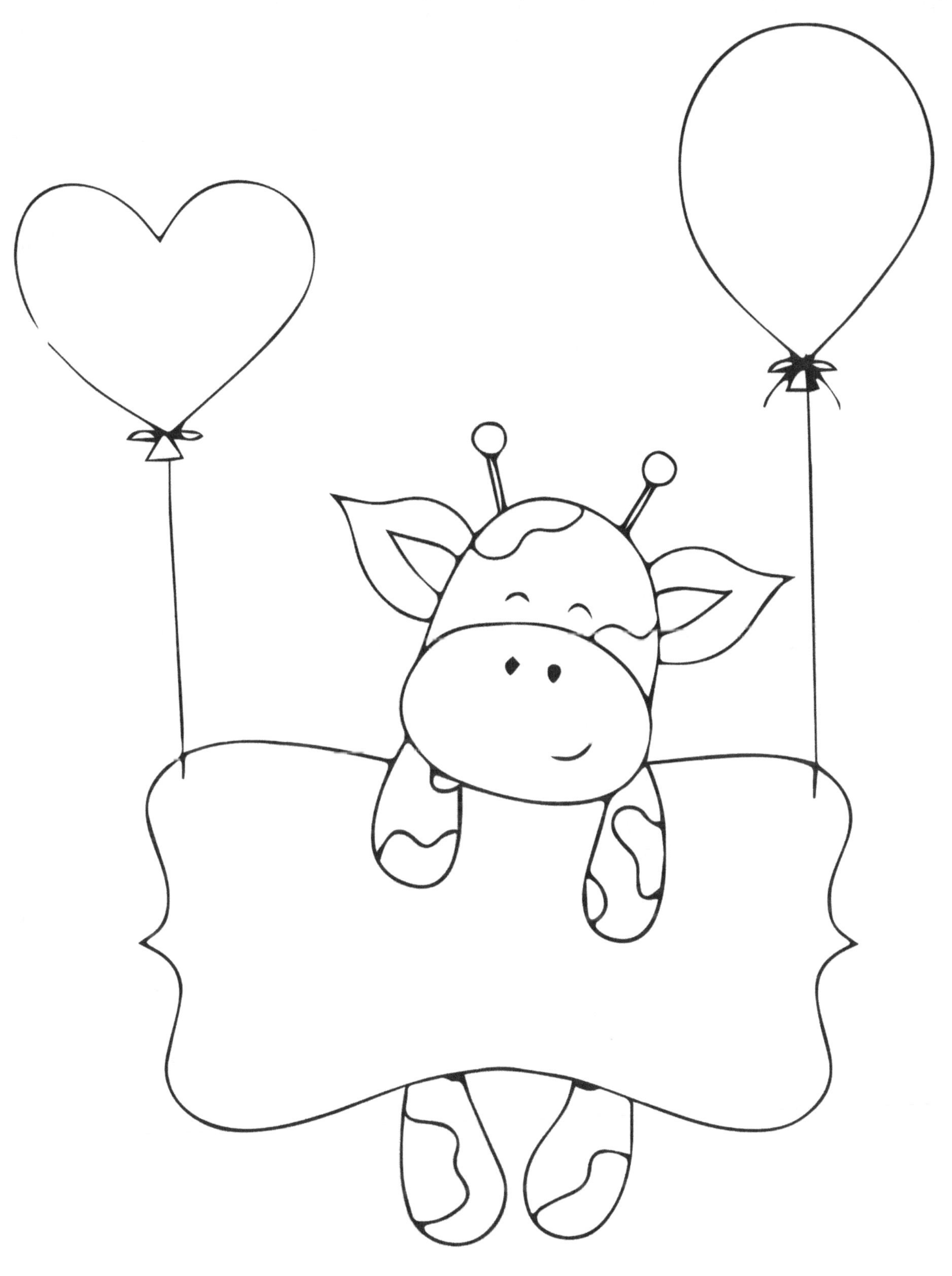

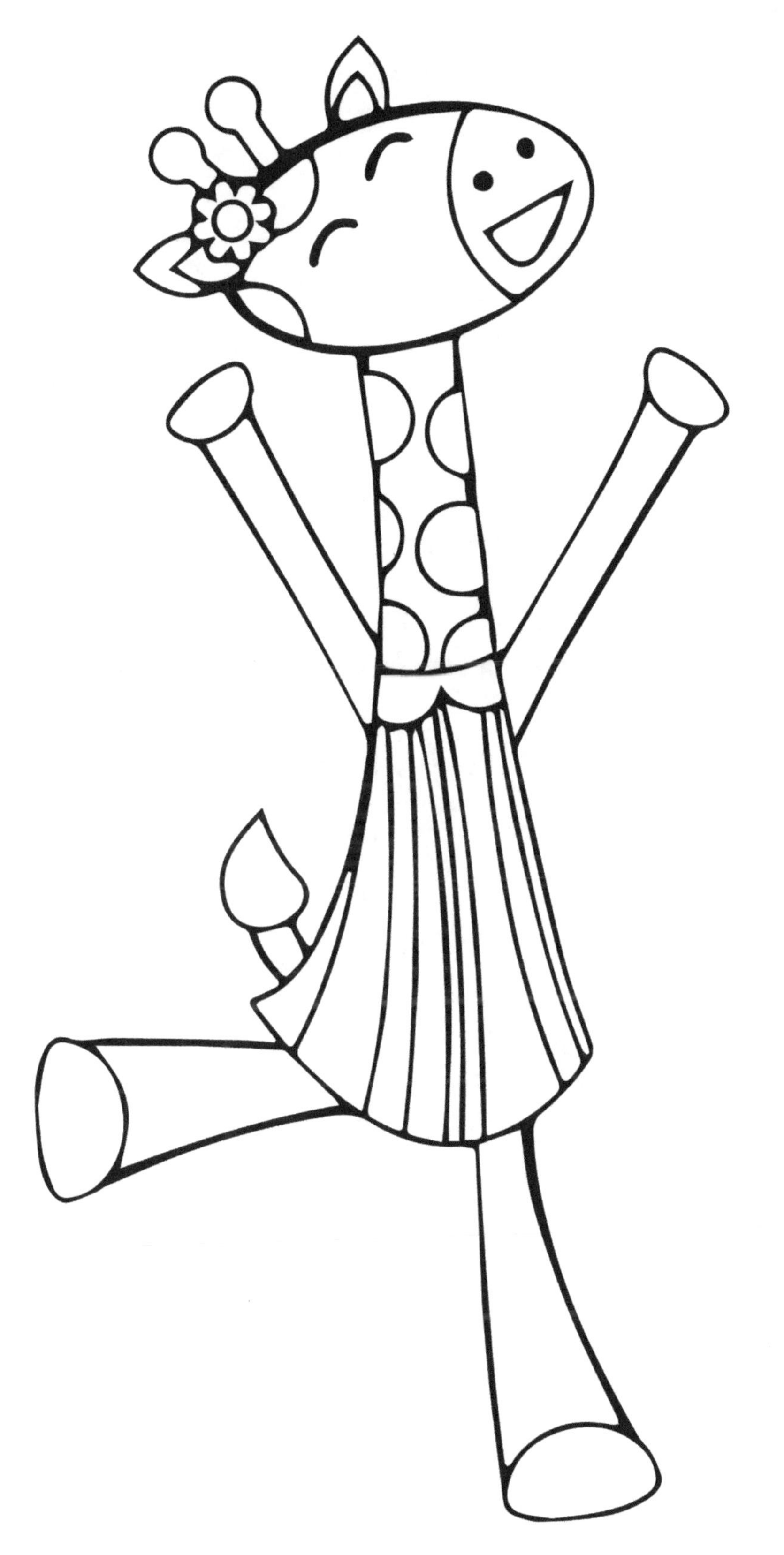

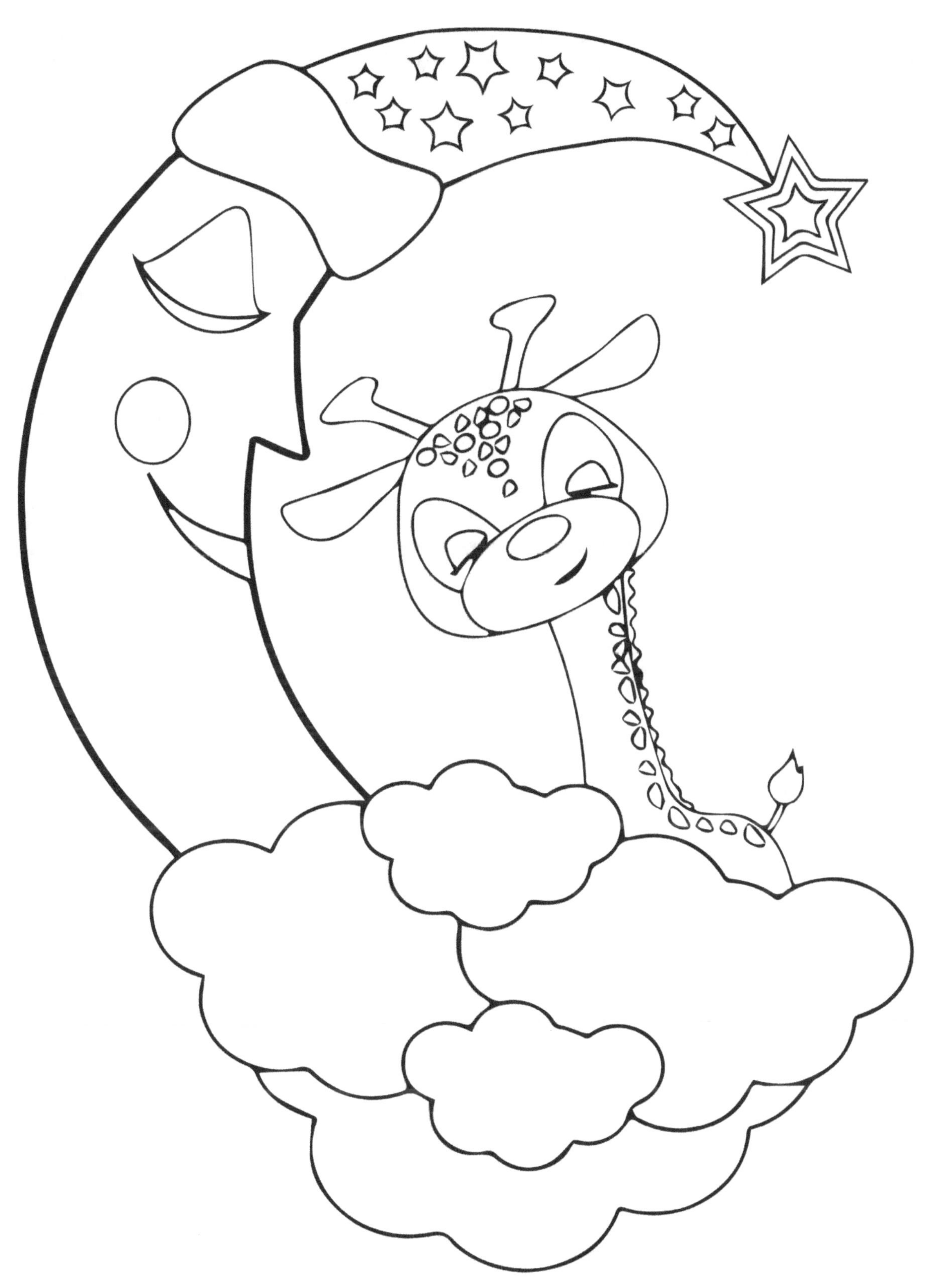

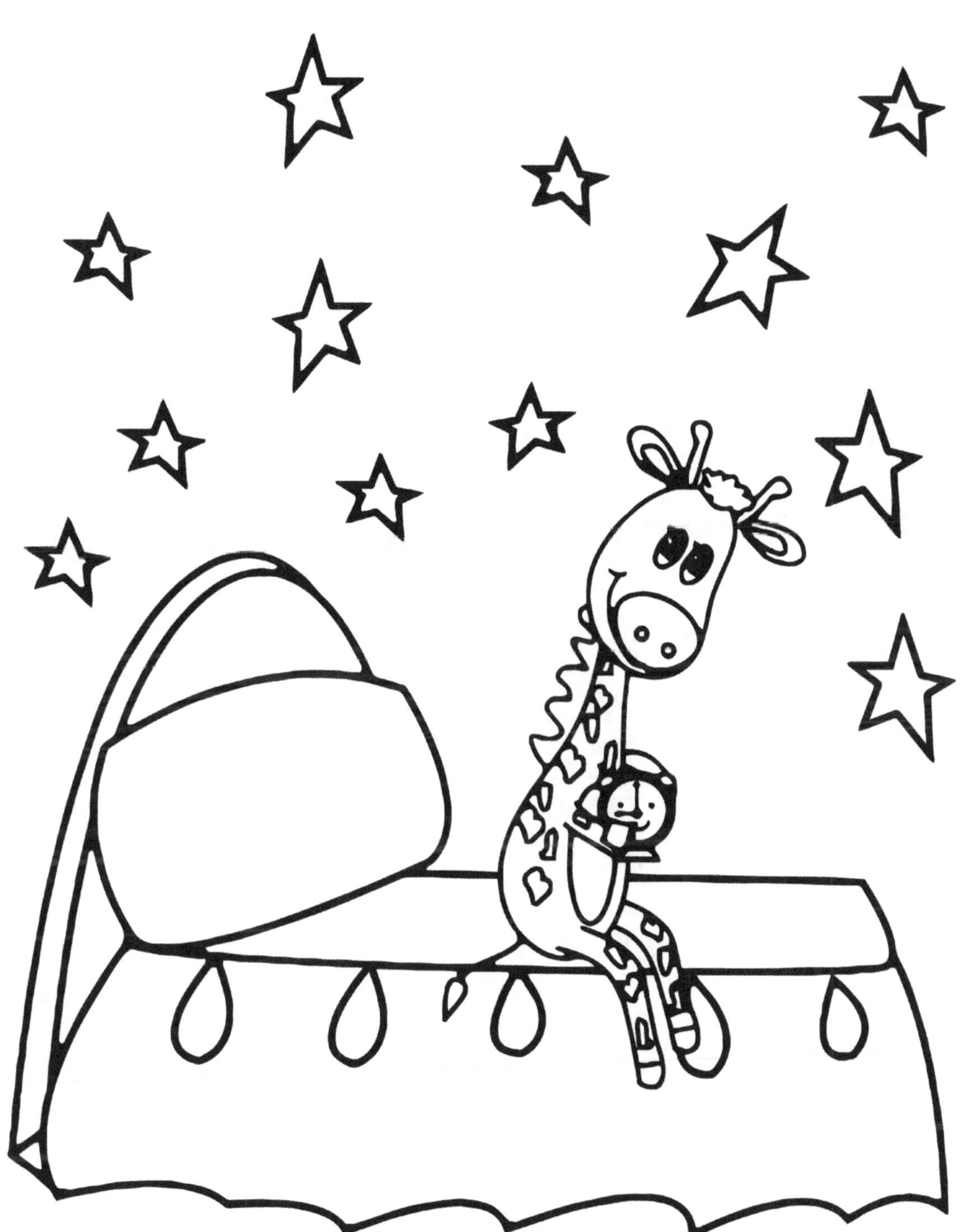

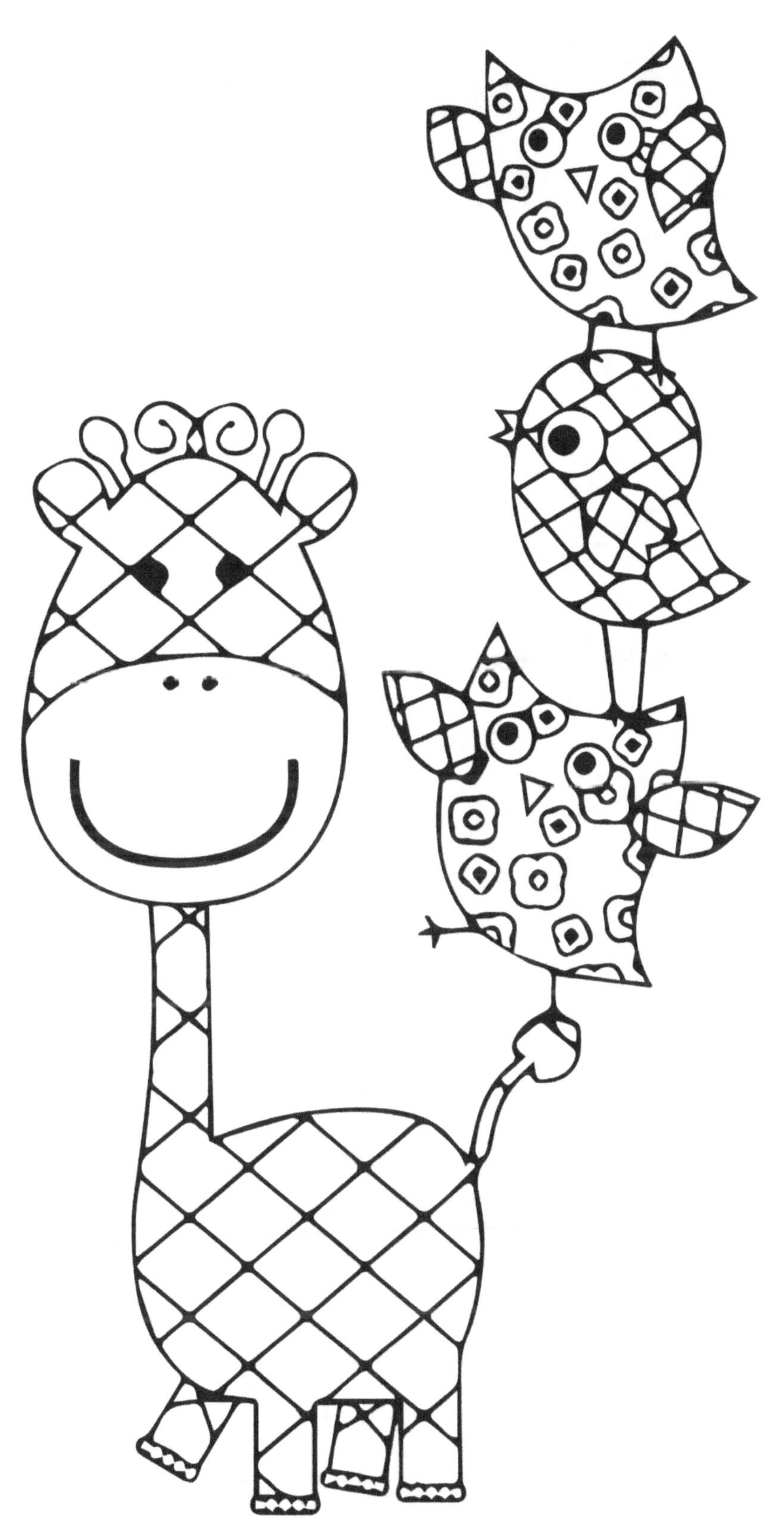

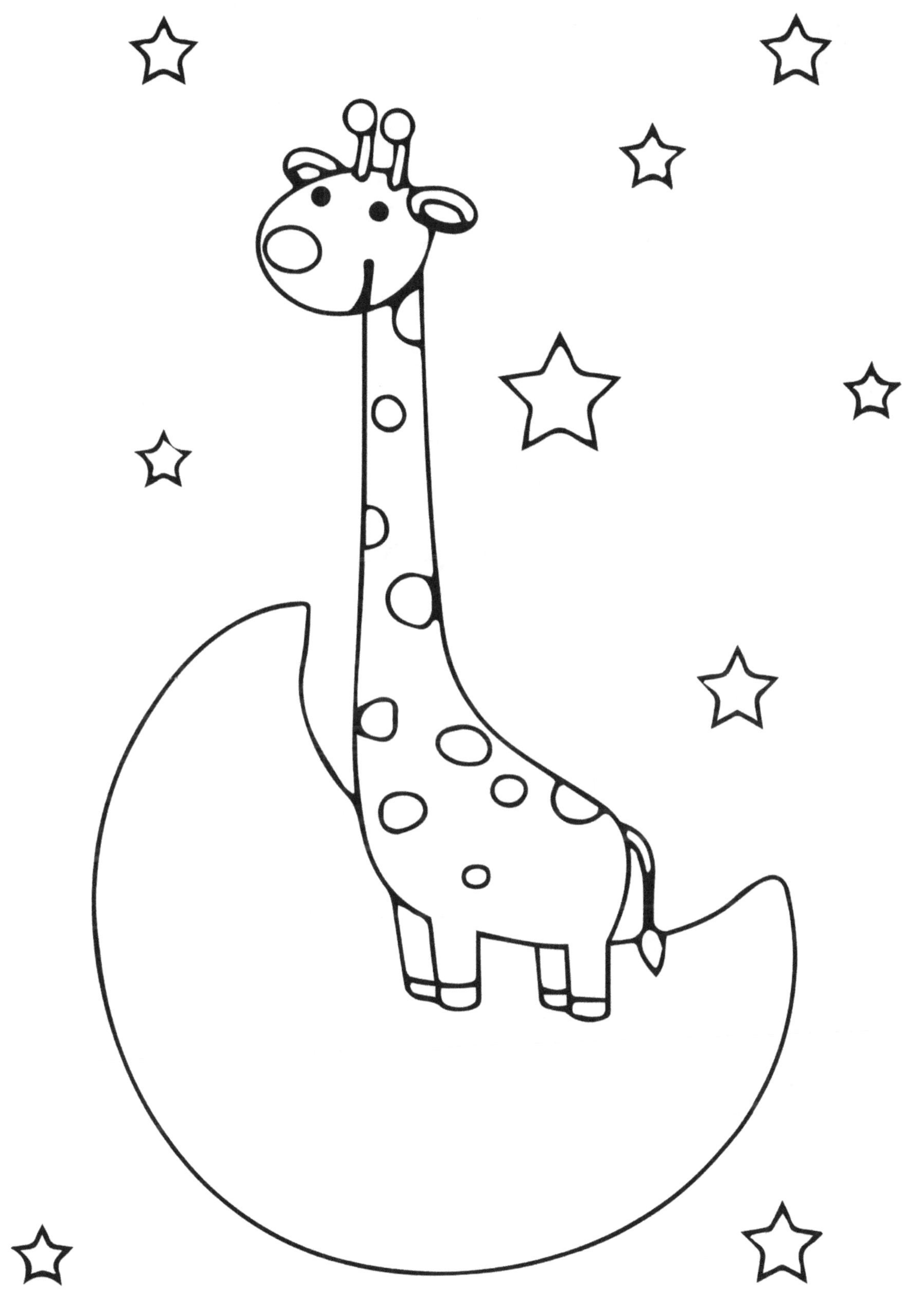

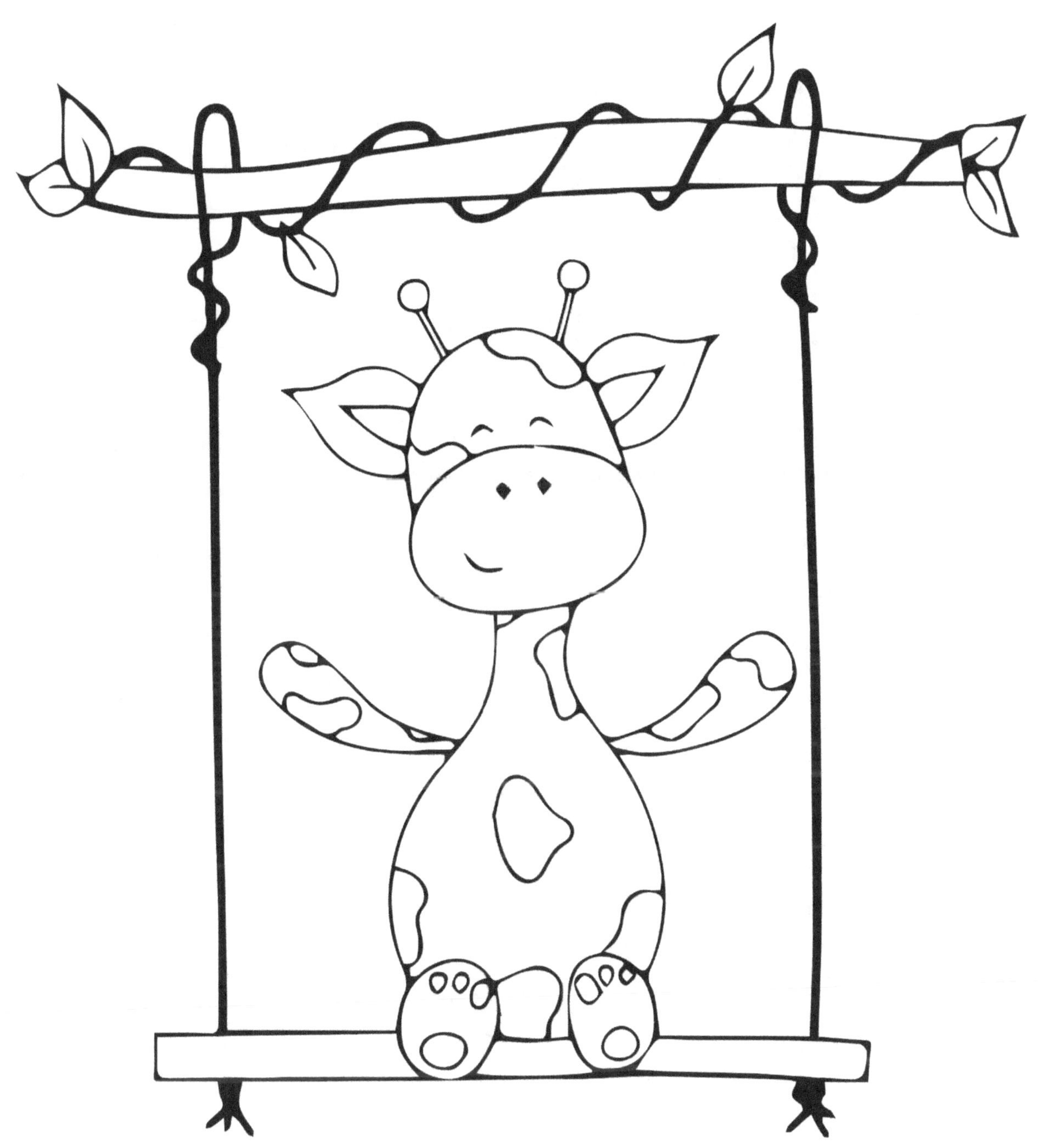

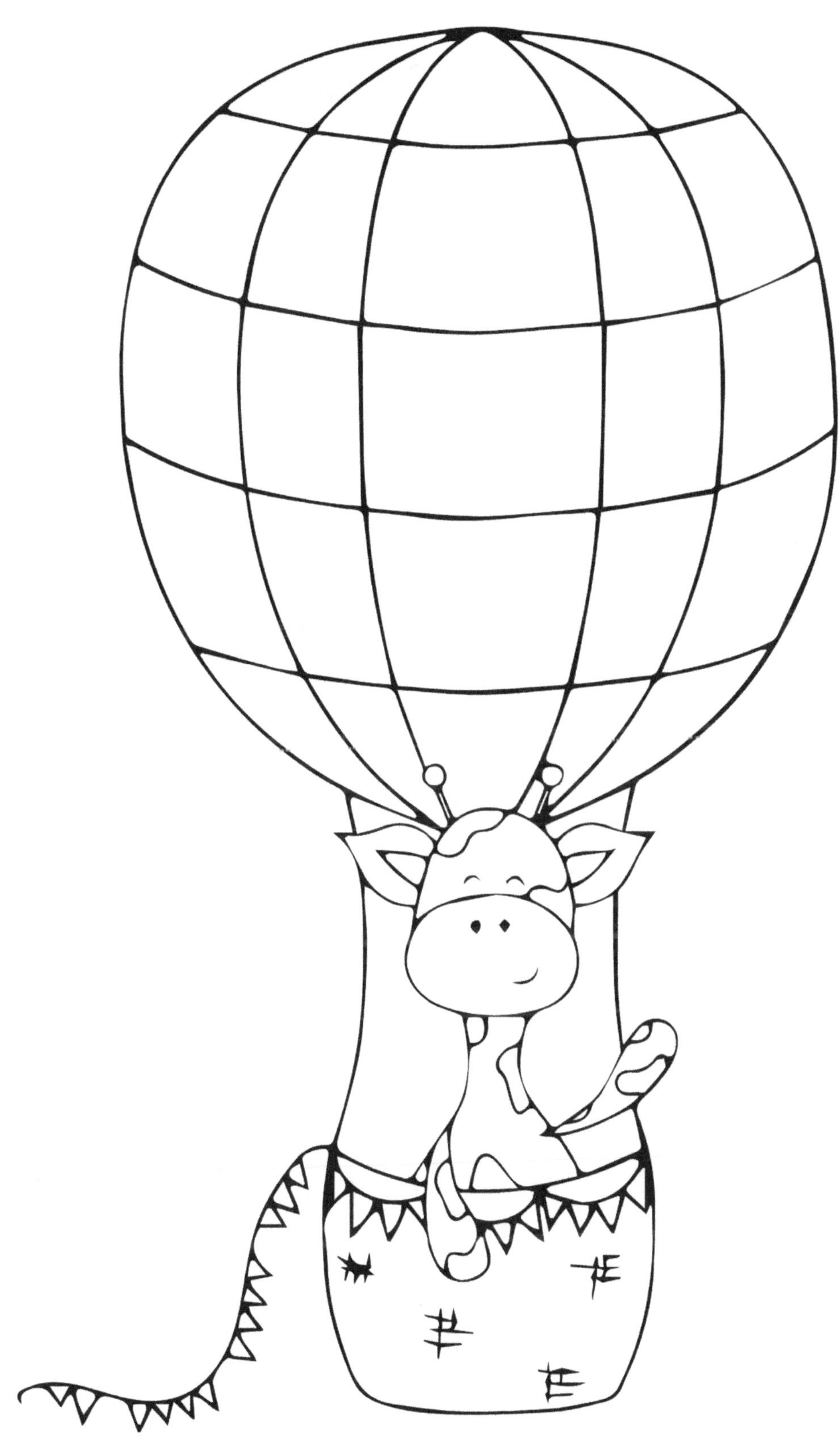

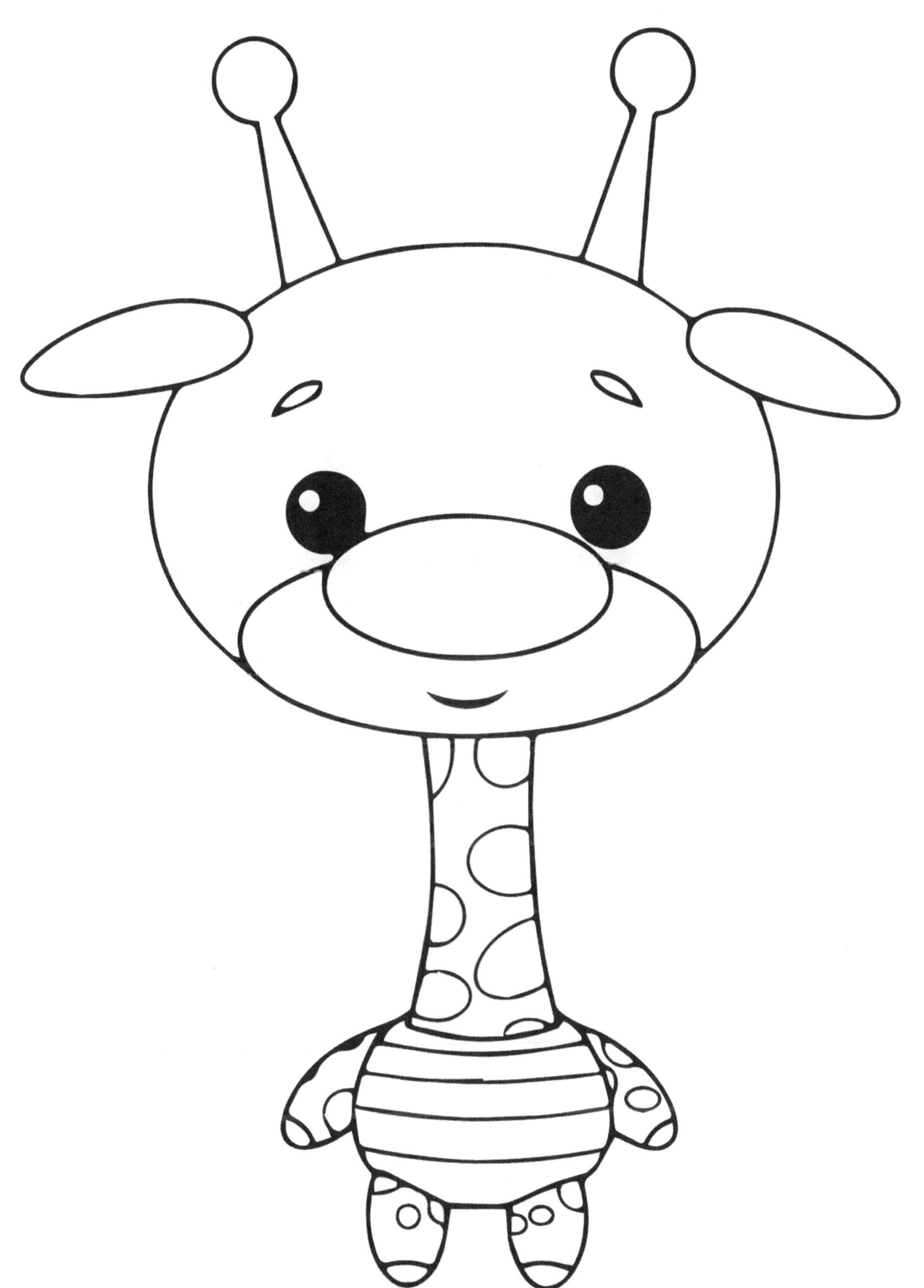

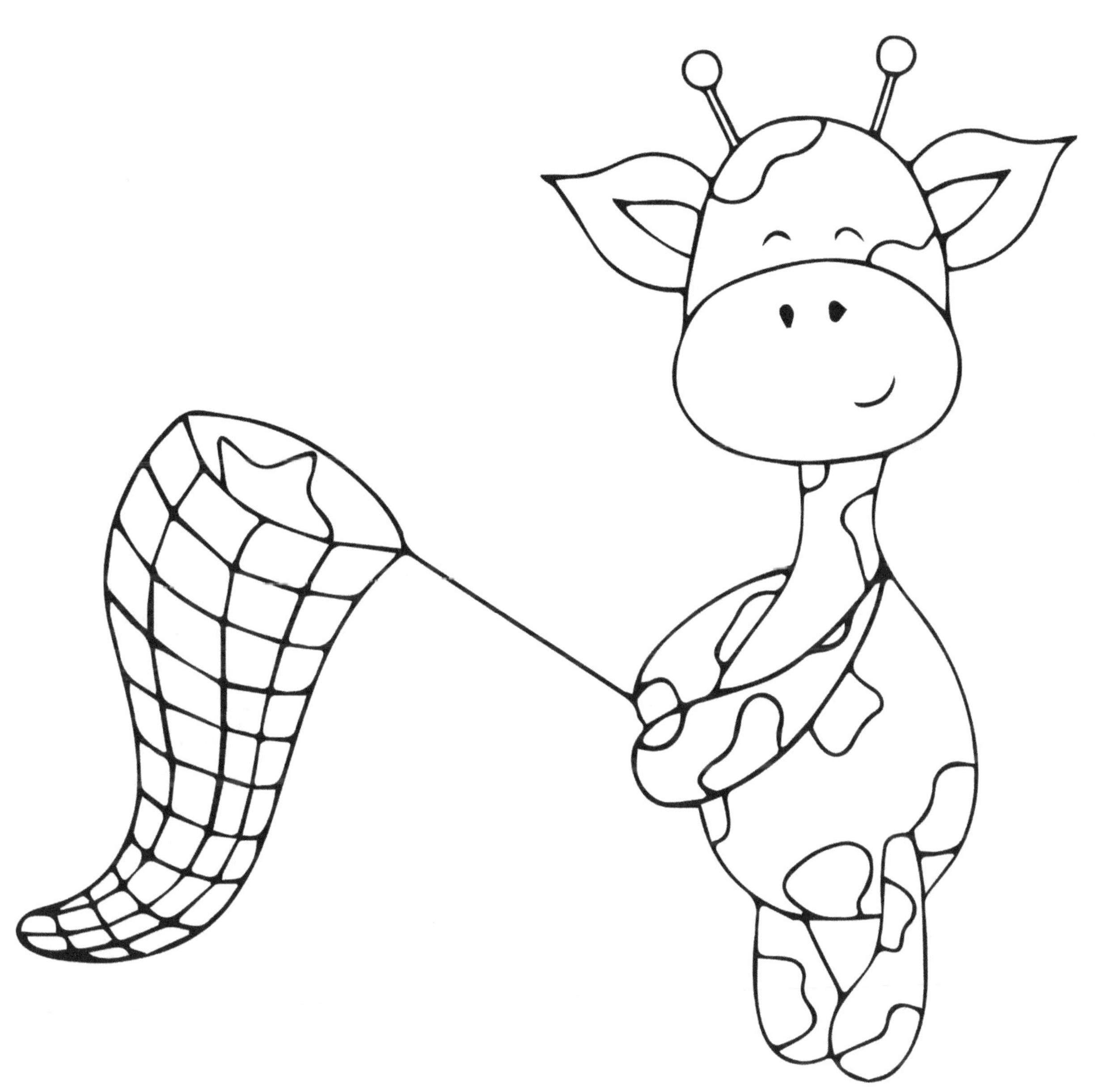

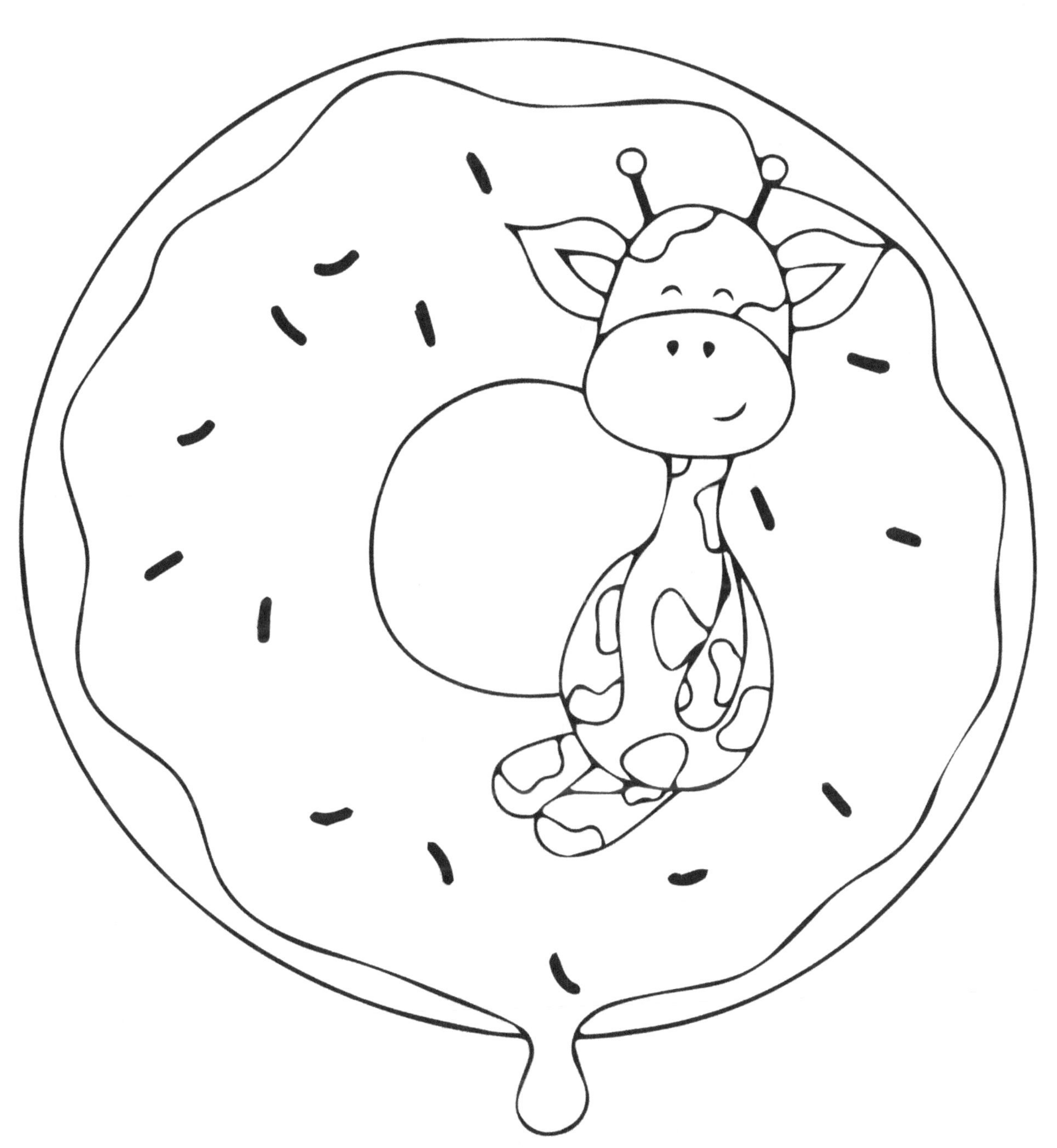

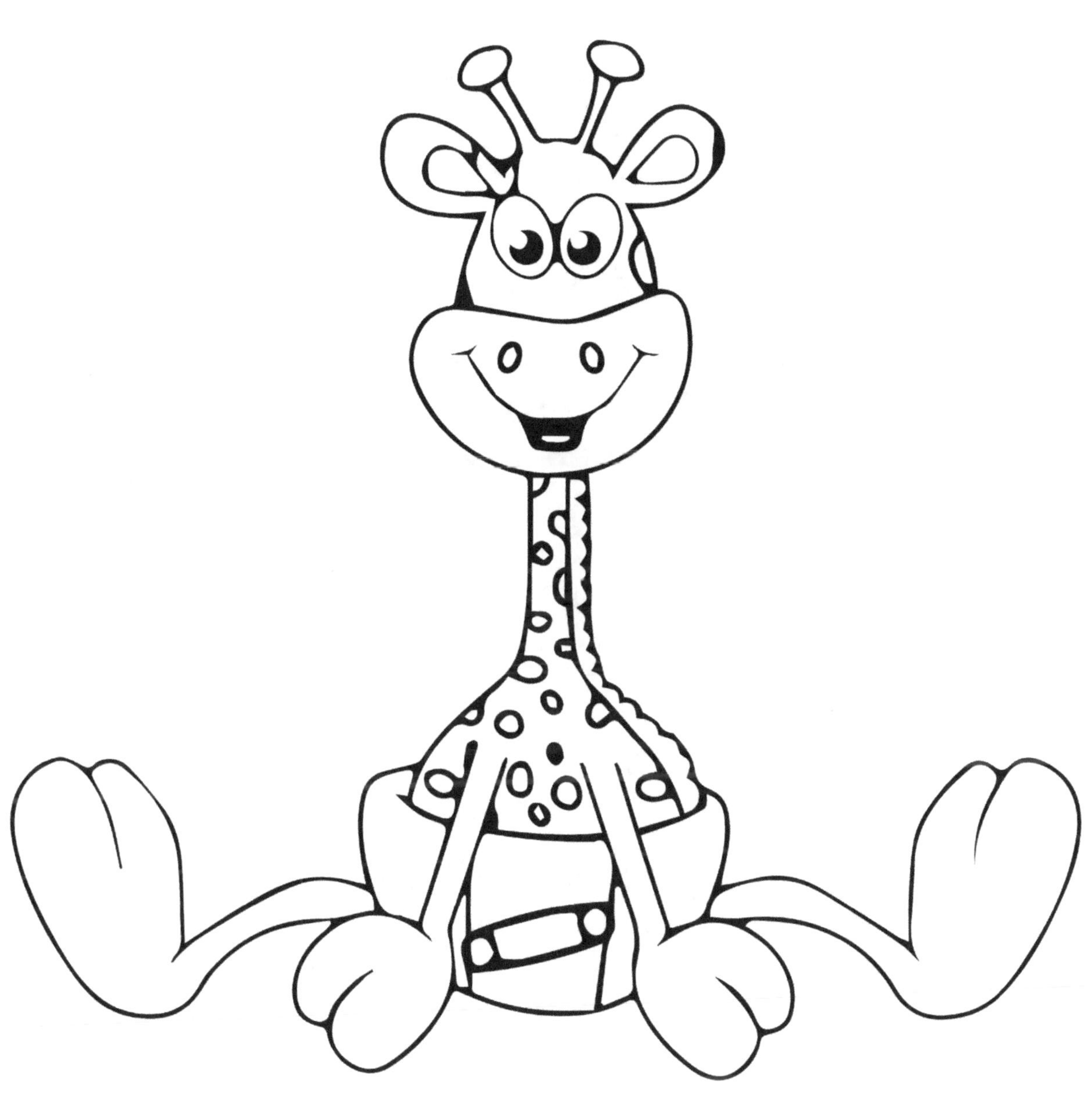

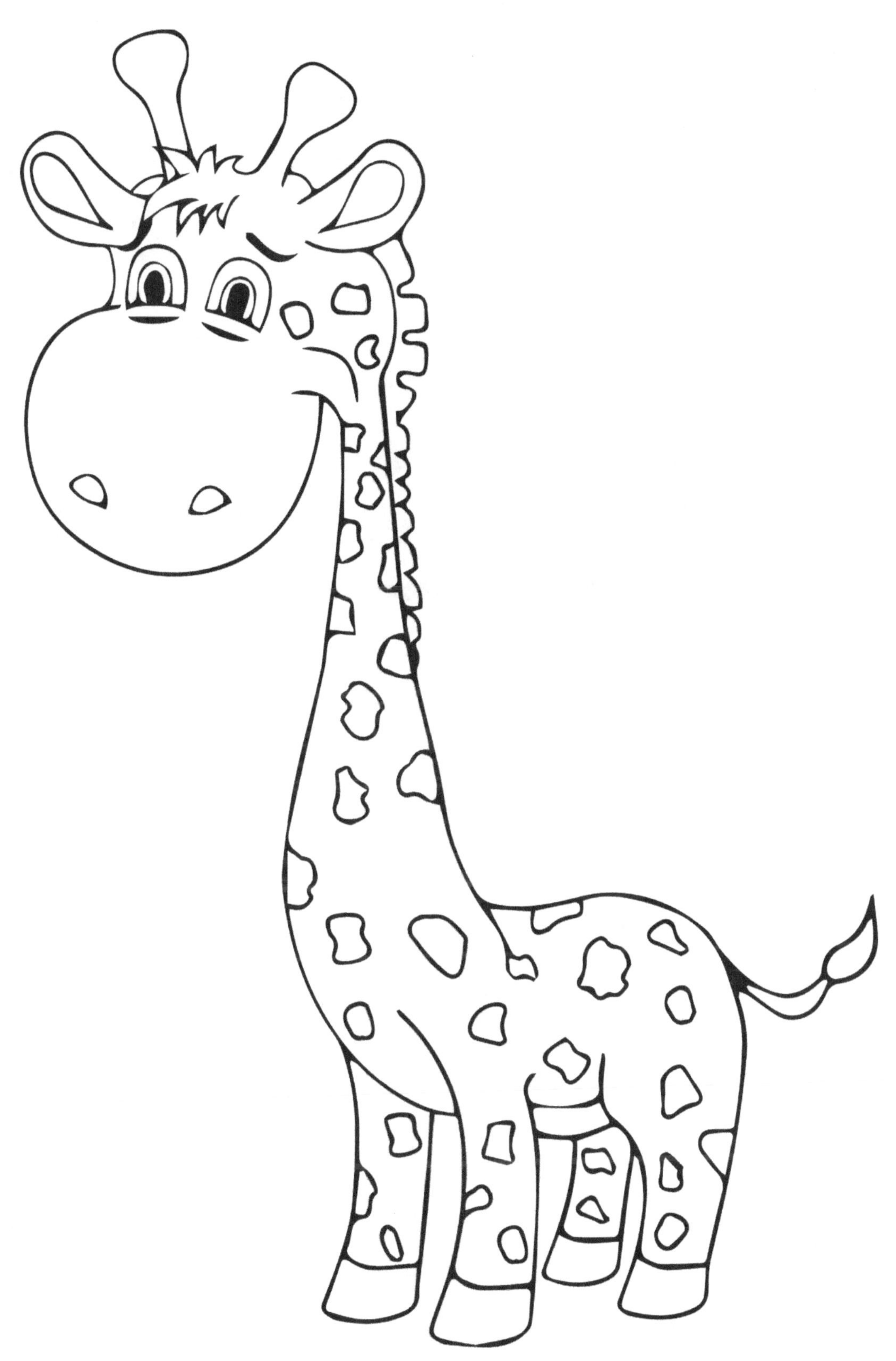

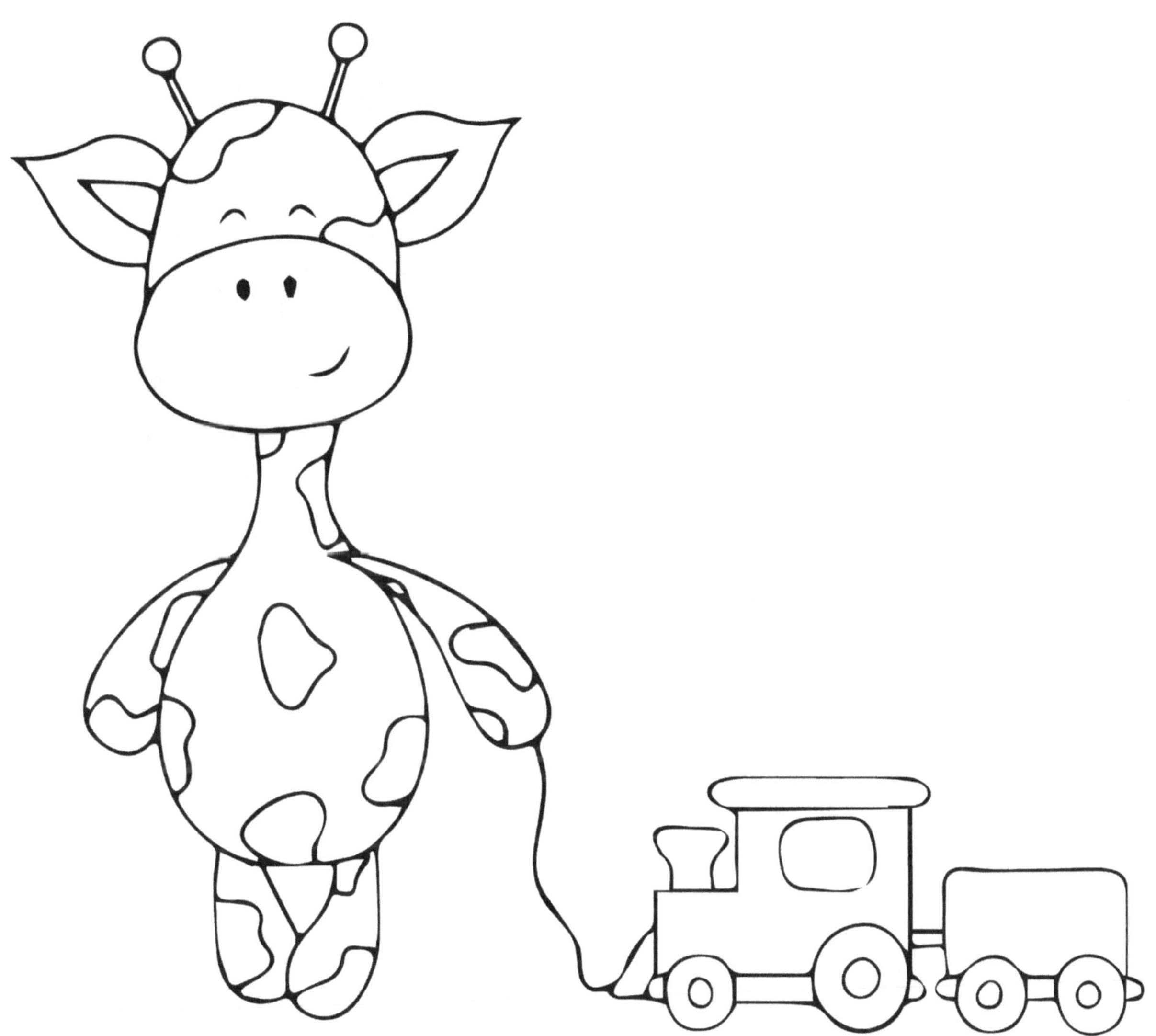

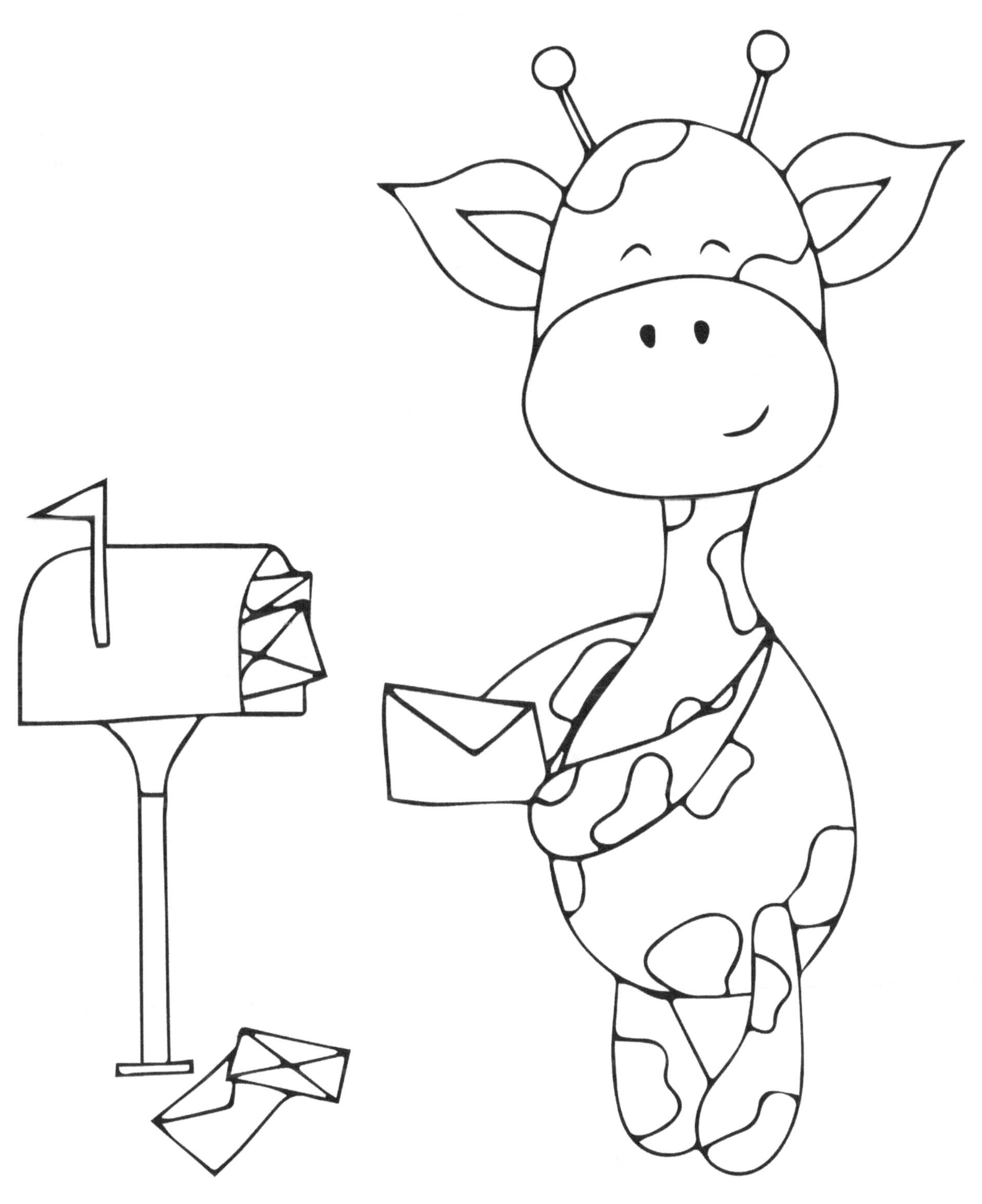

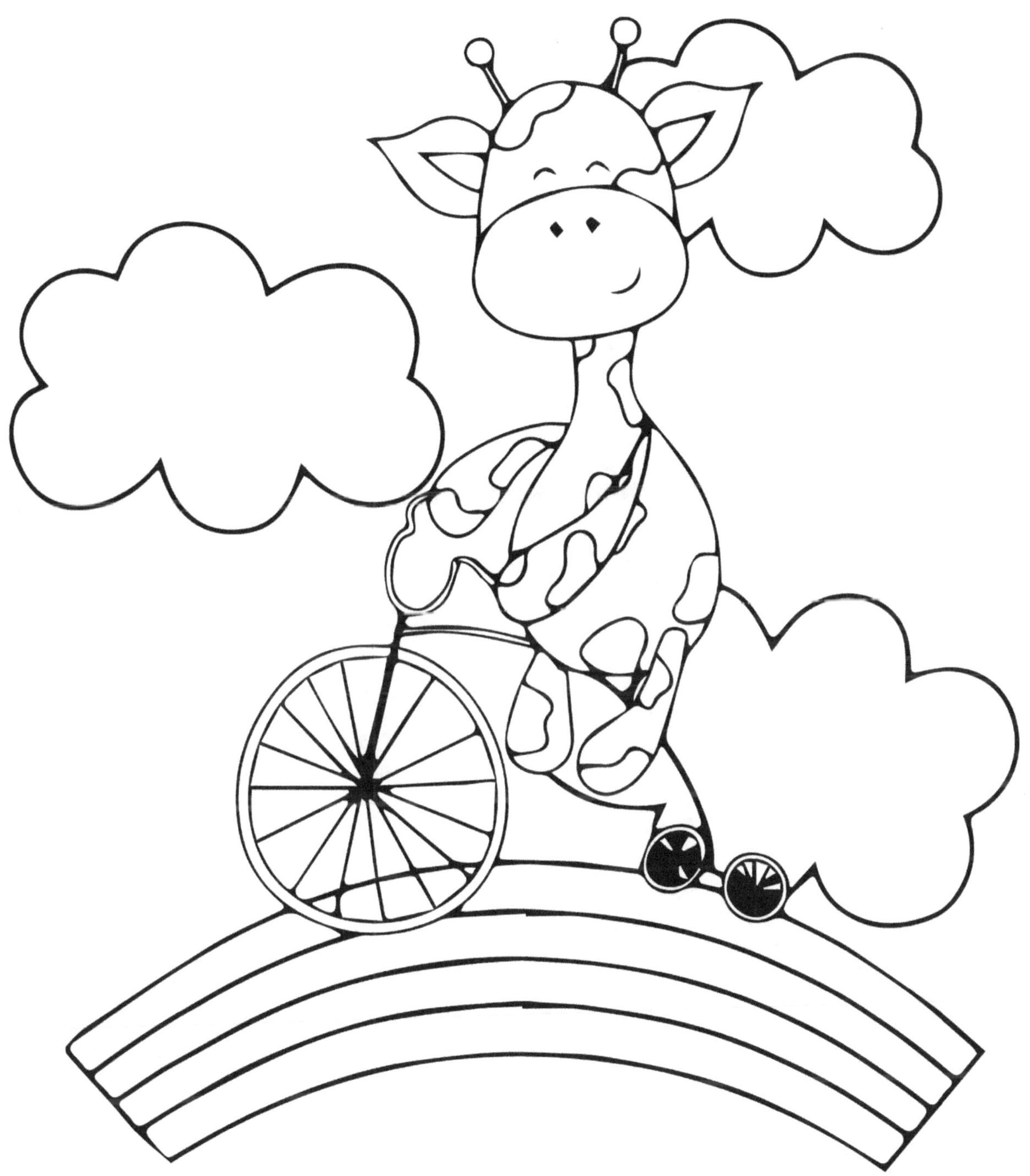

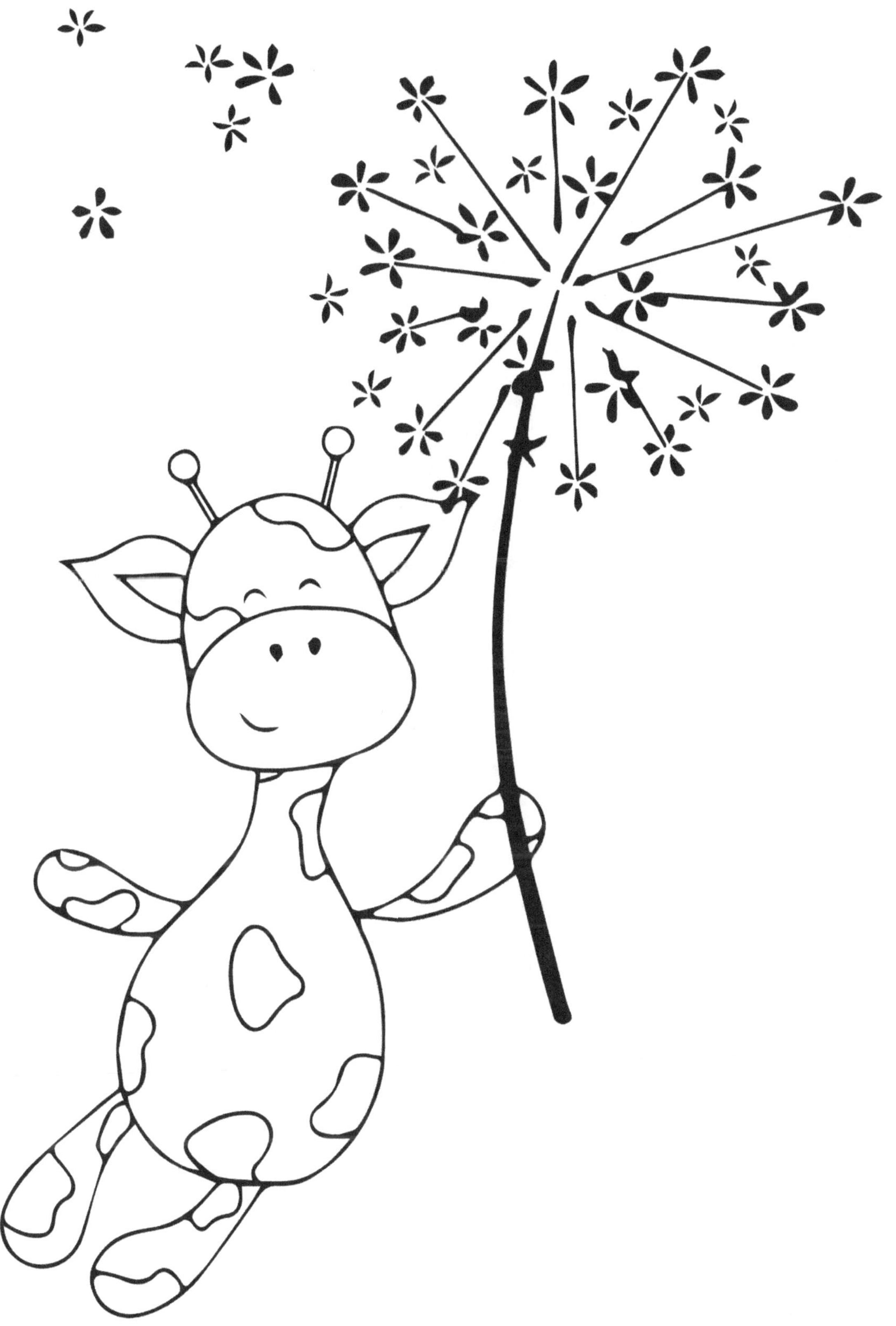

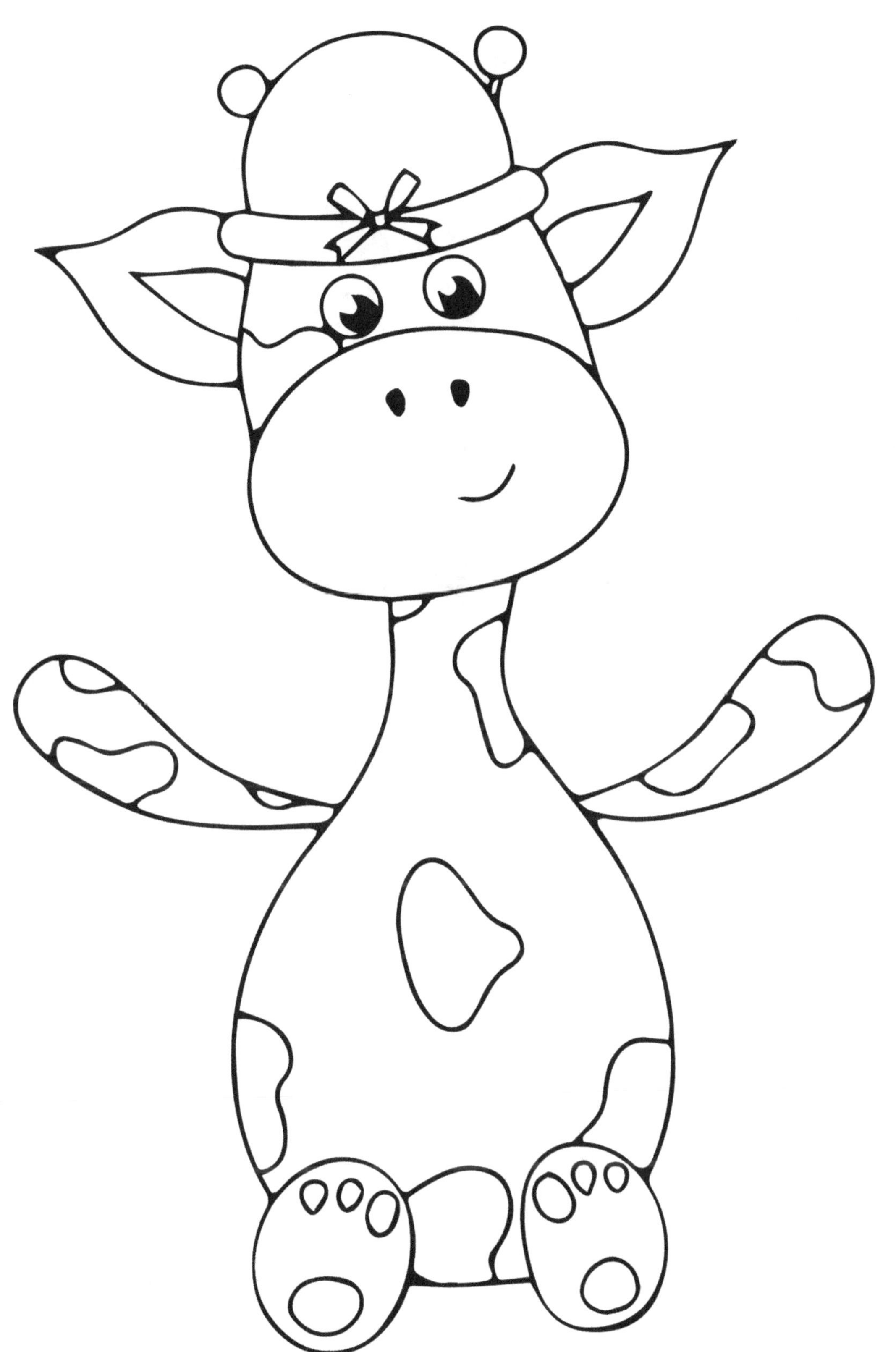

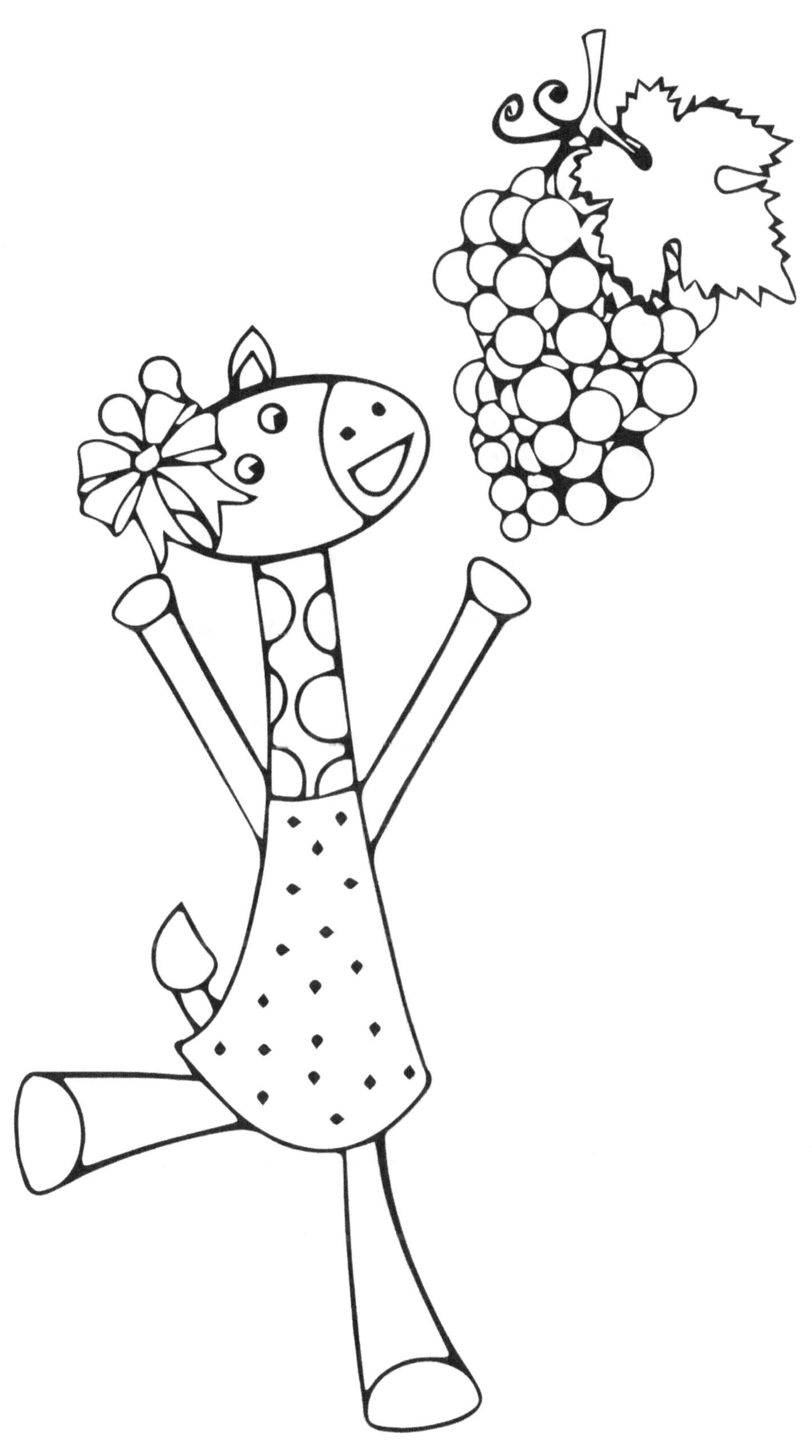

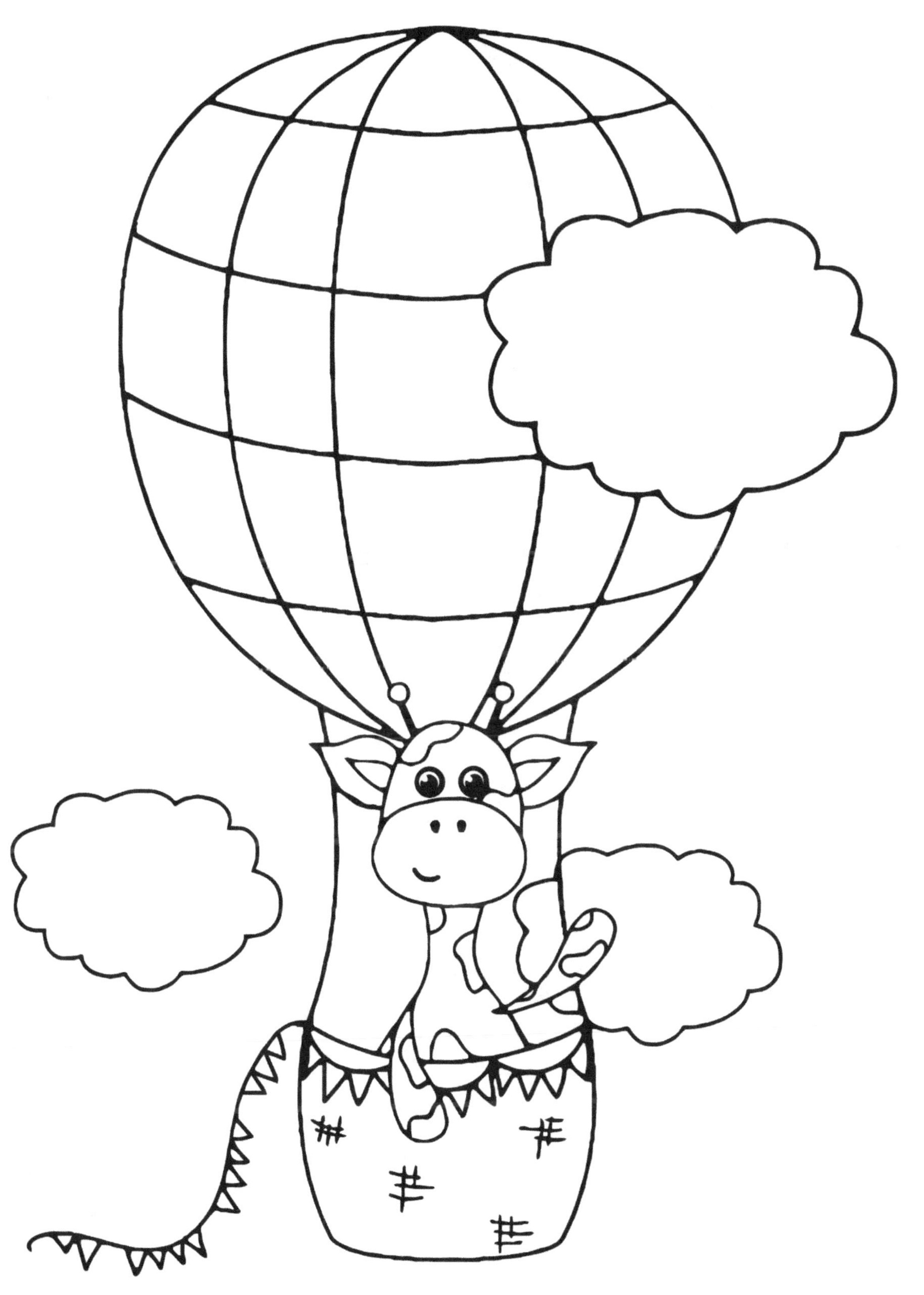

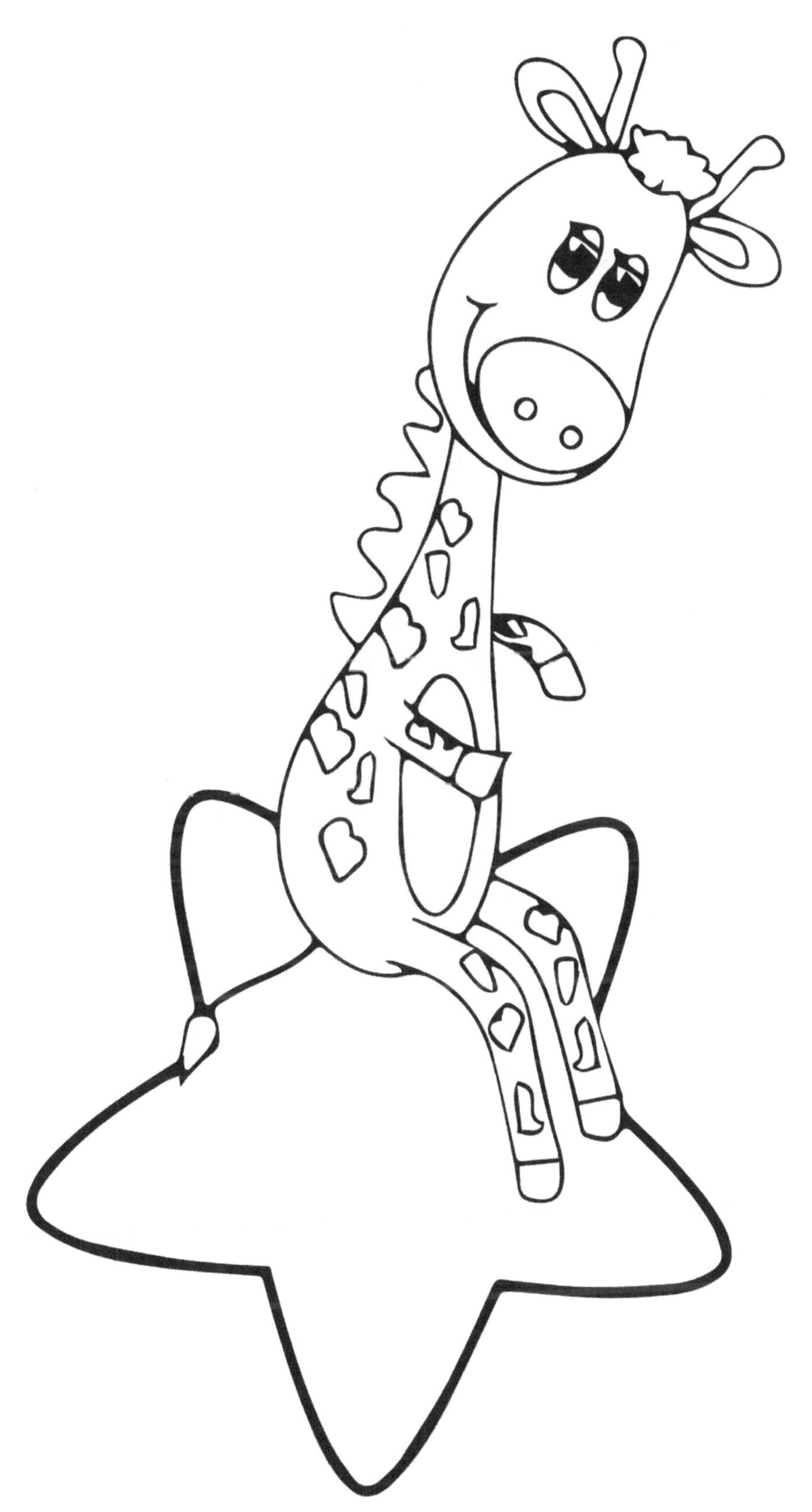

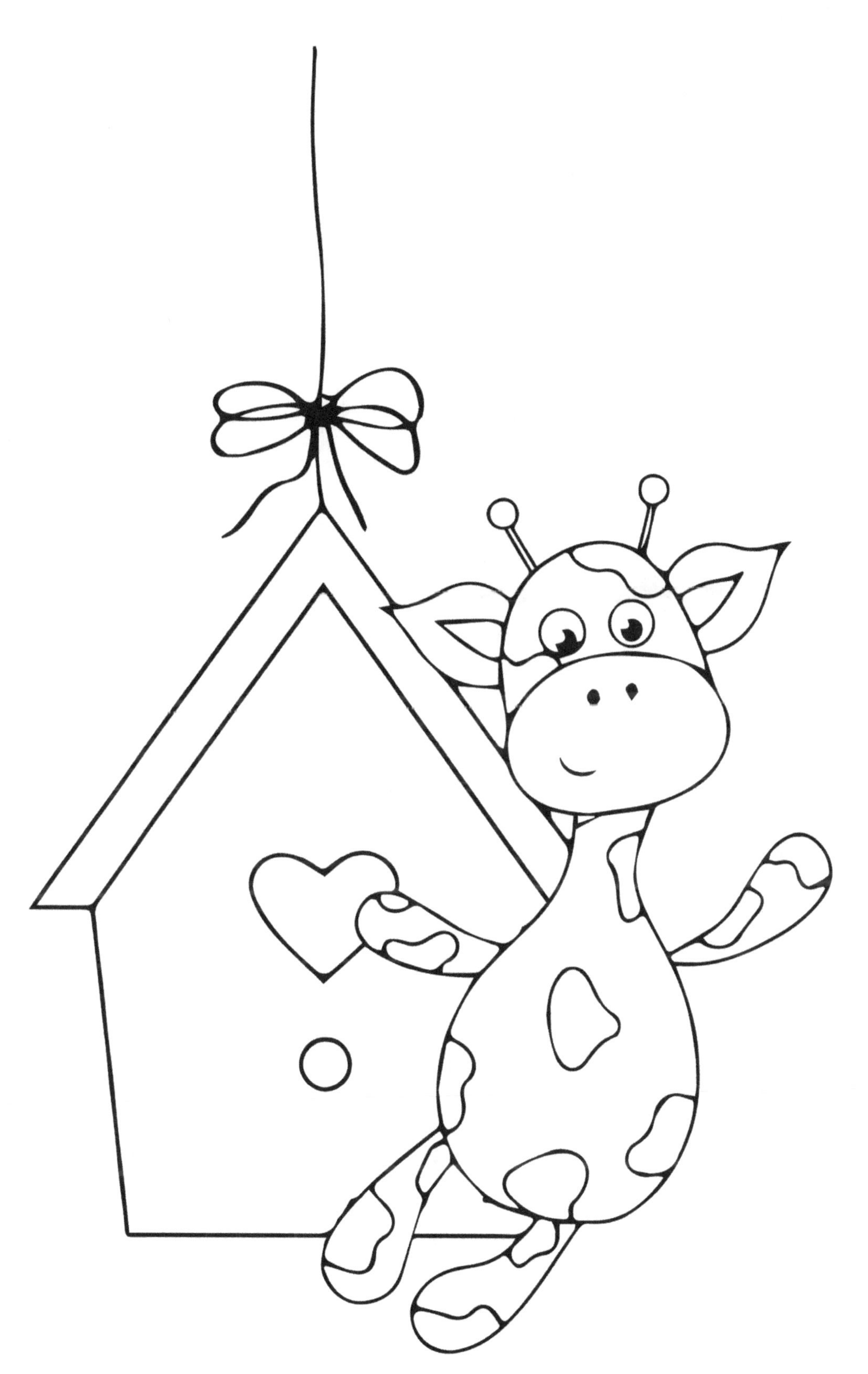

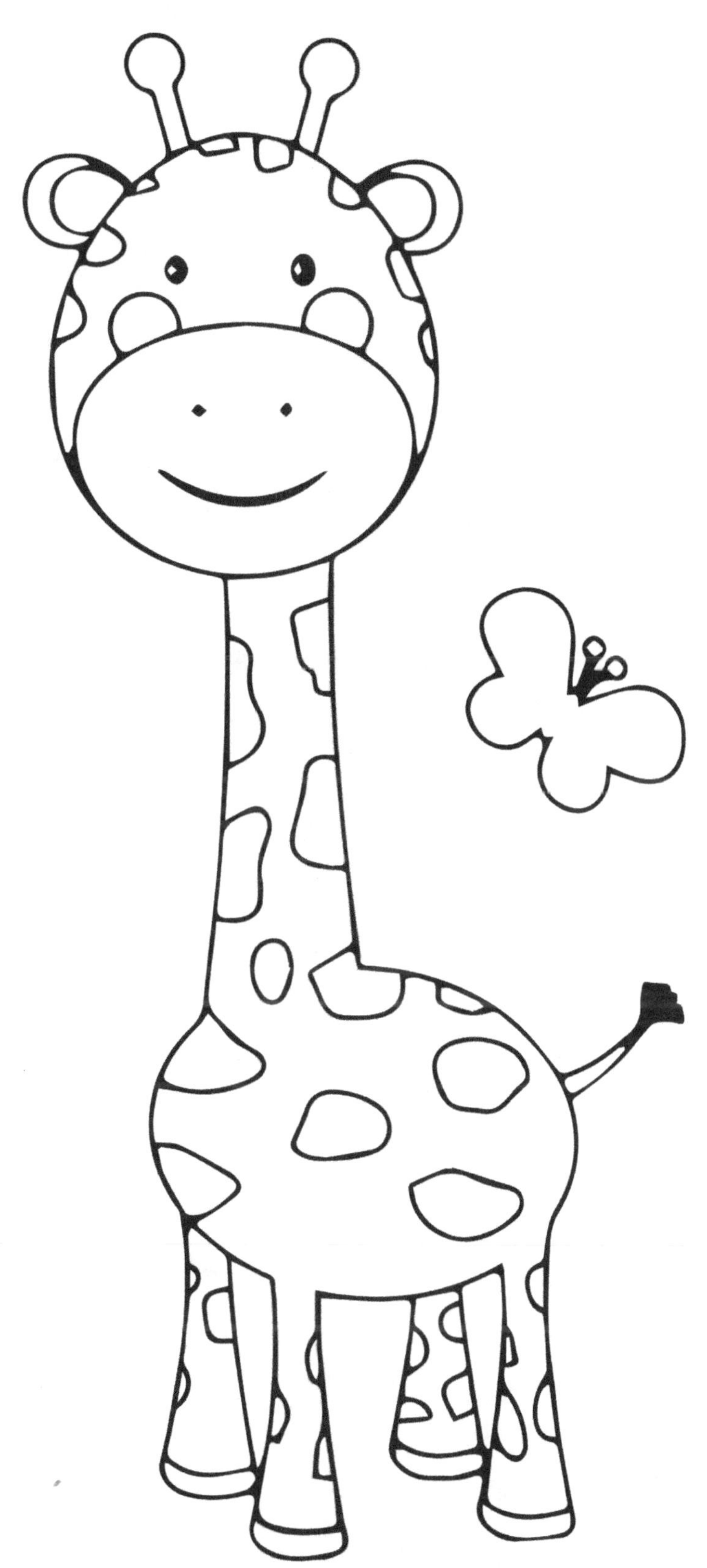

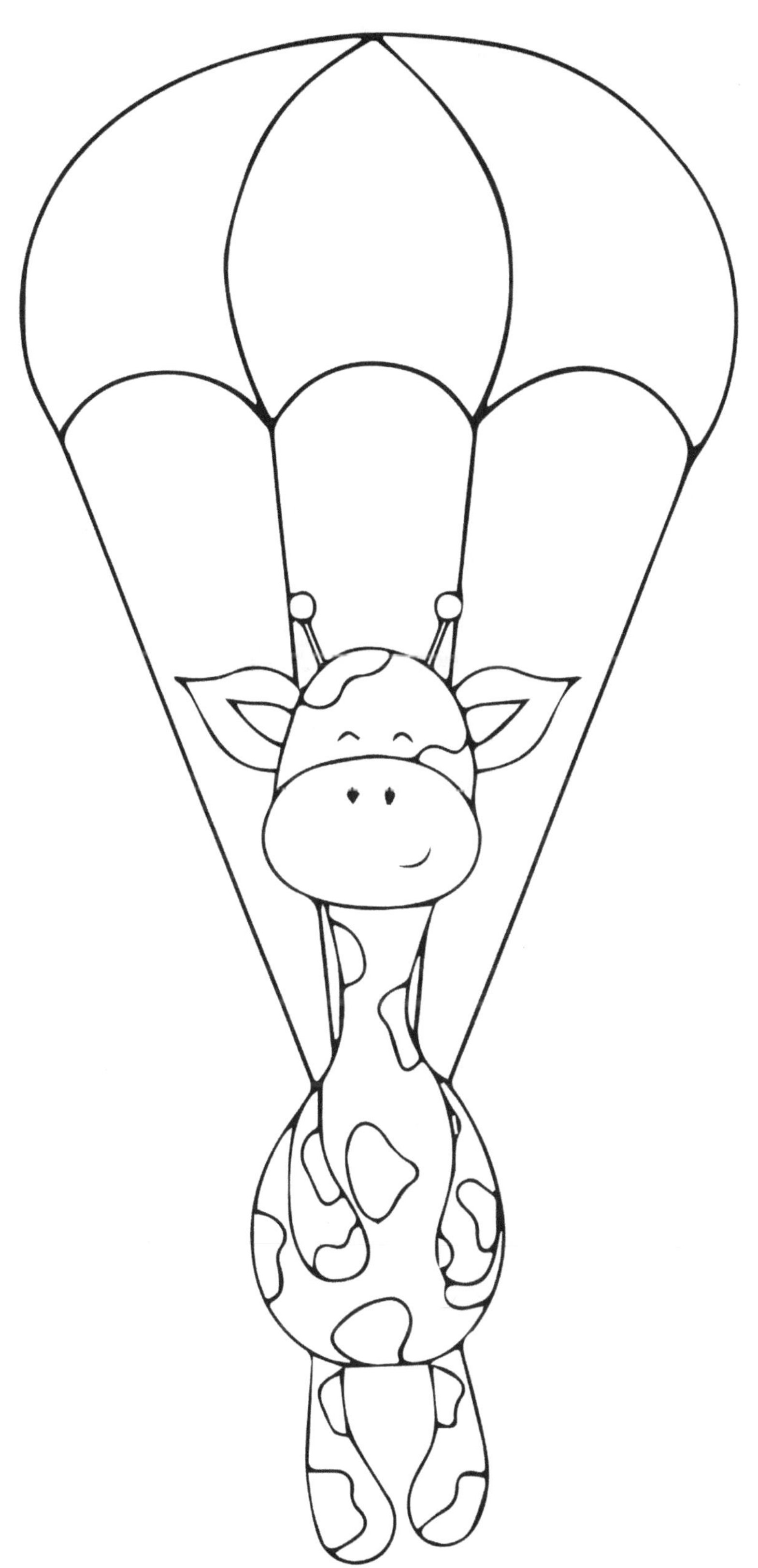

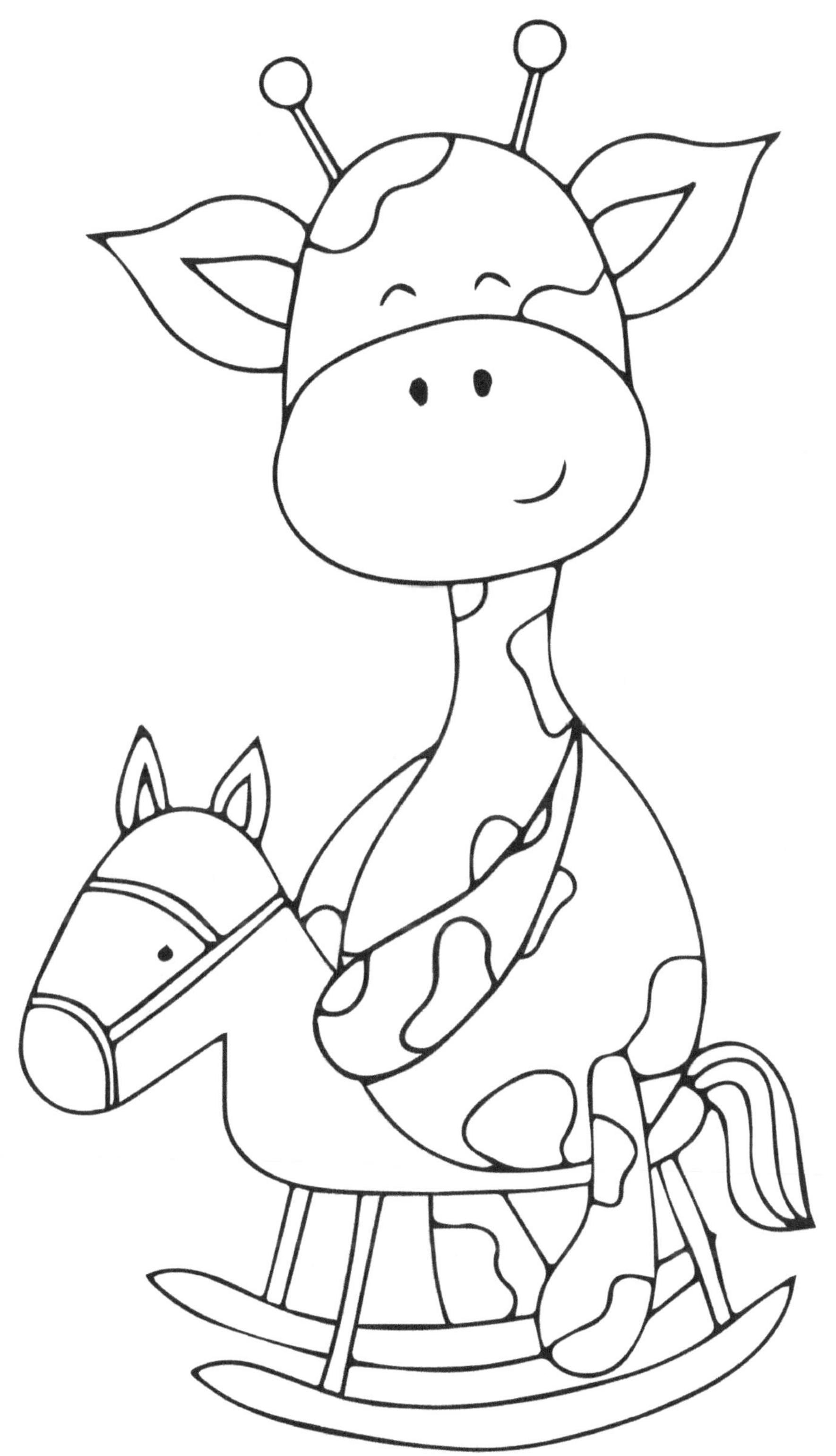